AF260208

Marie-André HAGUENOT

UNE

FAMILLE DE MÉDECINS

A MONTPELLIER

(DE 1605 A 1818)

COMMUNICATION

DU 15 JANVIER 1900, A LA SECTION DES LETTRES DE L'ACADÉMIE

DES SCIENCES ET LETTRES DE MONTPELLIER

MONTPELLIER

IMPRIMERIE Gustave FIRMIN et MONTANE

RUE FERDINAND-FABRE ET QUAI DU VERDANSON

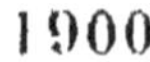

1900

UNE FAMILLE DE MÉDECINS

A MONTPELLIER

(De 1605 à 1818)

DU MÊME AUTEUR

POÉSIES

A Bâtons rompus. — Tours, 1889, Barbot-Berruer.
Poésies, 1889-1893 (Sonnets et Bluettes, Poèmes, Théâtre d'étudiants). — Montpellier. Gustave Firmin et Montane, 1893,
L'Armure, poème. — Académie de Vaucluse, 1899.
Le Rhône, poème. — Académie des Jeux Floraux, 1899.

PROSE

Dix Nouvelles. — Montpellier. Gustave Firmin et Montane, 1892,
Le Parapluie. — Marseille. La Vie Provençale, 1899,
Les Oiseaux chez La Fontaine. — Montpellier, Société d'Aviculture de l'Hérault, 1900.

Marie-André HAGUENOT

UNE

FAMILLE DE MÉDECINS

A MONTPELLIER

(DE 1605 A 1818)

COMMUNICATION

DU 15 JANVIER 1900, A LA SECTION DES LETTRES DE L'ACADÉMIE
DES SCIENCES ET LETTRES DE MONTPELLIER

MONTPELLIER

IMPRIMERIE Gustave FIRMIN et MONTANE
RUE FERDINAND-FABRE ET QUAI DU VERDANSON

1900

Lorsque vous m'avez fait l'honneur de m'appeler parmi vous, point ne m'est venue l'ambitieuse pensée que mes modestes travaux me valussent, à eux seuls, une pareille distinction. La valeur de mes parrains a devant vos yeux suppléé la mienne, et ce sont les professeurs que ma famille a donnés à l'Université montpelliéraine que vous avez honorés dans leur humble petit-neveu.

Aussi comprendrez-vous, Messieurs, que je paye une dette de reconnaissance à cet illustre parrainage, en lui consacrant la première communication que j'ai l'honneur de faire à l'Académie. Vous me le pardonnerez, surtout si j'ai le bonheur de faire surgir, un instant, devant vos yeux, en un tableau, tout un passé qui vit certainement dans vos souvenirs.

Nous sommes en 1775. A côté de notre superbe promenade du Peyrou, nouvelle-née des plans de Giral, s'élève une maison, fille aussi du grand architecte. La grille de fer qui en défend l'entrée est élevée sur quatre marches de pierre, et le jardin qu'elle laisse apercevoir ne peut encore, des branches de ses jeunes arbres, cacher la façade de l'hôtel.

Celui qui habite là n'est pas un grand seigneur. Cependant, lorsqu'il passe dans les rues de la ville, nul front ne reste couvert devant lui.

Ce n'est point un prêtre, qui, de son état, doit être l'ami des pauvres. Cependant, nul de ceux qui heurtent à sa porte ne se retire les mains vides.

Est-ce un de ces personnages frivoles, que leurs pareils estiment en raison des fêtes auxquelles ils les convient ? Non, certes ! et cette demeure est cependant fréquentée de tous.

Celui qui est là, cloué par ses quatre-vingt-huit ans sur un fauteuil, n'a cherché ses amis que dans la phalange glorieuse des savants et des lettrés. C'est la Société royale des Sciences de Montpellier qui est un moment réunie autour de son doyen, dans cette maison, qui, dans la pensée de son maître nonagénaire, devait devenir la sienne. C'est là, comme l'a dit de Ratte (1), que « se réunissaient nos Muses errantes », et nous pouvons mettre des noms sur tous les visages.

Voici de Ratte qui, quelques mois plus tard, prononcera devant les Etats de Languedoc l'éloge de son hôte d'aujourd'hui. Voici tous les membres de la Compagnie, nos devanciers, Messieurs. Ici, cet infirme qui est venu saluer son confrère, c'est François Venel, de Tourbes, que la maladie a chassé de Pézenas. Le célèbre chimiste, que l'on est obligé de porter, est venu demander la guérison aux médecins de Montpellier (2). Mais dix mois le séparent à peine de la tombe, où prématurément il va choir à 52 ans.

Voici Hyacinthe Danysi (3), l'Avignonais, titulaire alors de la chaire de mathématiques de notre Université. Et sur ses lèvres revient le nom de Jean Lafosse, le confrère de trente-deux ans, qu'une maladie de poitrine va emporter le 22 janvier (4), lui laissant la gloire d'avoir pu, avec son ami Voltaire, travailler, malgré la défense faite à son imprimeur, à la réhabilitation de Calas. On parle aussi de M. le cardinal de La Roche-Aymon, grand-aumônier de France, membre de la Compagnie, qui, après avoir marié et baptisé le Dauphin, va avoir l'honneur de le sacrer roi de France à Reims (5).

Mais voici l'ami du maître de céans : un petit vieillard tout cassé, le charitable Louis Lamorier (6), chirurgien-major de l'hôtel-Dieu Saint-Eloy. Ses soixante-dix-huit ans lui ont imposé l'ennui de ne plus siéger à la Cour des Comptes, Aydes et Finances, dont il est aussi conseiller ; mais tant que l'hydropisie, — qui l'emportera dans deux ans, — le lui permettra, il n'abandonnera pas son service à Saint-Eloi. Lamorier vient apporter à la Compagnie des nouvelles de l'. de Joubert (7), un confrère que l'on va opérer de la cataracte. Cinq ans plus tard, M. de Joubert, syndic général de la province depuis 1733, rejoindra dans la tombe ceux qui maintenant parlent de lui.

Et parmi ces savants, tiennent aussi leur place quelques hauts seigneurs de l'époque. Celui-ci, qu'une chaise vient de déposer devant la porte, est le marquis de Montferrier. C'est un ami distingué des Muses. Quelques années plus tard, il fera obtenir à la Compagnie l'hôtel académique qu'elle possèdera d'une façon, hélas ! éphémère. M. de Montferrier a, ce matin, poussé sa promenade jusqu'à la fontaine de Saint-Clément, dont il rêve d'amener les eaux superflues aux portes de Montpellier, et voici qu'un voyageur, couvert de poussière, est venu le saluer sur la route. C'est Roucher, le poète Roucher, qui s'est momentanément arraché à Paris pour visiter sa terre de Valflaunès, où lui vint peut-être l'inspiration de son poème des *Mois*. M. de Montferrier aura le bonheur de mourir dans son lit. La Compagnie entendra de Ratte faire son éloge dans l'hôtel académique de la rue de l'Aiguillerie (8). Quant à Roucher, vous savez comment tombera la tête du poète !

Encore dix-huit ans, et dans la fatale charrette, il ira à la mort, fier et superbe, récitant jusqu'à la guillotine des vers auxquels André Chenier donnera la réplique.

Messieurs, je pourrais multiplier les noms. Ceux que cette maison réunit n'auront pas tous, à leur mort, les honneurs académiques. La Convention va dissoudre même les Sociétés savantes (9). Mais, dans ceux de nos devanciers de cette époque, ne puis-je pas dire que je vous devine tous, réunis autour de votre collègue, votre doyen, votre vieil ami, Henri Haguenot, doyen de l'Université de Médecine, conseiller et médecin ordinaire du roi, conseiller en la Cour suprême des Comptes, Aydes et Finances, membre de la Société royale des Sciences, recteur perpétuel de l'hôtel-Dieu Saint-Eloi.

Vous le voyez, Messieurs, le sujet que je veux aborder devant vous ne peut vous être étranger. Et, pour évoquer ces souvenirs pieux, je me sens à l'aise dans cette enceinte qui personnifie notre antique cité, qui régit le Montpellier moderne, où l'Académie continue les savants travaux de la Société Royale des Sciences, et au milieu de vous, Messieurs. Je vais donc sans crainte vous parler des miens : ce sera vous entretenir des vôtres.

AUTREFOIS, plus que de nos jours, vivaient à travers plusieurs générations les traditions de famille. L'hérédité des charges, la vie intime du père et des enfants, habituaient ces derniers à considérer un peu comme la leur la profession paternelle. Si l'un d'eux seul, parfois, devait la continuer plus tard, tous du moins, par les familiers entretiens du coin du feu, à la veillée, en connaissaient les roses et aussi les épines.

Il n'était pas rare, alors, de voir le fils être le premier élève de son père et faire de sa vie tout entière une pieuse rallonge aux travaux que la science paternelle avait entrepris. Souvent, ainsi, trouverons-nous, au cours de cette brève étude, le père et le fils penchés sur les mêmes problèmes, et quelquefois simultanément : se complétant d'abord, plus tard se continuant.

La lignée de médecins que la famille Haguenot a fournie à notre ville ou à notre région a pris naissance vers 1540, ou tout au moins cette date, d'ailleurs approximative, est la plus reculée qu'il m'ait été permis d'atteindre,

A cette époque, c'est-à-dire sous le règne de François Ier, a dû naître un médecin auquel, d'après les mémoires du temps de Henri IV, s'appliquerait une inscription latine ainsi conçue:

Haguenotus in exercitis Henrici magni celeberrimus et primus medicus.

Ce médecin aurait été appelé, toujours d'après les mêmes mémoires, à soigner le Vert-Galant d'une blessure de guerre, et, en reconnaissance de ses soins, aurait obtenu pour son fils une charge de chirurgien aux armées. Bien que ce dernier trait se trouve justifié, comme nous allons le voir par la suite, le fait que je rapporte ne m'a été fourni par aucun document.

Je l'ai lu dans des papiers de mon grand-oncle, M. Haguenot, qui, député de l'Hérault sous la monarchie de Juillet, pouvait, d'un « Sésame ouvre-toi ! », renverser les portes cadenassées des Archives.

Mais, en tenant pour véridique l'existence de notre premier médecin, nous pouvons conjecturer que, vers 1570, serait né de lui le premier terme, le point de départ de cette étude, Thierry Haguenot.

Et voici la justification du fait que j'avançais tout à l'heure.

Lorsque, en 1622, Louis XIII et le maréchal de Bassompierre vinrent mettre le siège devant Montpellier, alors occupé par l'insurrection protestante, quatre chirurgiens-majors accompagnaient l'armée royale, et l'un d'eux était Thierry Haguenot. N'est-ce pas là confirmation éclatante de la note que je citais plus haut, à savoir qu'un Haguenot, médecin en chef des armées d'Henri IV, aurait obtenu pour son fils une charge de chirurgien aux armées ? Si la note est véridique quant à ce détail, elle doit l'être quant au reste.

Je me suis demandé si Thierry Haguenot était Montpelliérain de naissance, ou bien si les hasards de la guerre l'avaient seuls conduit vers ce pays. Tandis qu'à partir de lui nous n'avons aucune interruption ni lacune dans l'ordre généalogique de la famille, tandis que nous avons retrouvé son acte de mariage et son acte de décès, son acte de baptême est, au contraire, demeuré introuvable.

Mais, n'en concluons pas qu'il vint la première fois à Montpellier avec l'armée royale. S'il n'était pas Montpelliérain de naissance, il le devint en 1605, le 1er août, par son mariage avec Marguerite Gariel.

Thierry était-il un étranger ? C'est la question que je pose encore lorsque je le vois épouser à Montpellier la sœur du célèbre chanoine Gariel, le remarquable historien de Montpellier et du Languedoc. A cette époque, où les voies de communication étaient peu sûres, où les voyages étaient des événements, une famille aussi connue à Montpellier que la famille Gariel eût-elle été chercher au dehors un gendre, alors que, dans la ville même, sa situation lui assurait un avantageux établissement de sa famille ?

A part sa présence à l'armée de Louis XIII en 1629, il n'apparaît pas que Thierry se soit éloigné de Montpellier. En 1633, Lazare Rivière, qui fut médecin ordinaire du roi et doyen des médecins de l'Université de Montpellier, raconte dans ses observations de médecine (10) qu'ayant à soigner la fille de M. de Gajan, il consulta M. de Lort, doyen de l'Université, et maître Thierry Haguenot, l'aîné, chirurgien. Dans une autre de ses observations (11) Lazare Rivière dit, vers la même époque : « M. Thierry Haguenot, chirurgien expert et qui exerce la chirurgie déjà depuis de longues années ». Il avait donc déjà une réputation établie, et son savoir ne devait pas tarder à lui mériter des fonctions royales. En effet, les dernières années de sa vie, alors que de ses nombreux enfants deux au moins se destinaient à suivre la carrière paternelle, Thierry devint Démonstrateur royal d'anatomie en l'Université de médecine. C'est revêtu de cette fonction qu'il s'éteignit doucement, à l'âge de 70 ans, dans sa petite maison située au bas de la rue Saint-Guilhem le 14 juillet 1644 (12). A son chevet, aux côtés de Marguerite Gariel, nous voyons ses enfants, les docteurs-agrégés Pierre et Honoré Haguenot, sa fille Tréphine et sa belle-fille, Isabeau d'Auy, veuve de Jean Haguenot.

Thierry Haguenot, le second médecin connu et le premier professeur de la famille à l'Université de Montpellier, commence une longue théorie, et, dans une vraie galerie de portraits, nous allons retrouver à sa suite ses enfants et ses petits-enfants, soit revêtus de l'hermine du professeur, soit de la robe plus modeste du docteur, depuis Thierry, docteur en 1605, jusqu'à Œdipe Haguenot, docteur du 14 août 1818.

Thierry, me suis-je souvent demandé, était-il l'unique fils du médecin des armées de Henri IV ?

Nous ne pouvons interroger des cendres: l'ancienne collégiale Saint-Paul, où il fut inhumé en 1644, est en partie devenue notre église Saint-Roch ; mais on a beau, du talon, en interroger les dalles, ce n'est que dans les légendes que les morts répondent aux vivants.

Ici, encore, Lazare Rivière nous parlera pour Thierry. Dans la citation que je lui empruntais plus haut, nous avons lu : « maître Thierry Haguenot, l'aîné ». Peut-être pourrait-on conjecturer que le frère de Thierry exerçait comme son frère la médecine ou la chirurgie. Lazare Rivière eût-il désigné son confrère comme l'aîné s'il n'avait voulu le différencier d'un autre chirurgien ou médecin du même nom ?

Mais, sortons du domaine trop complaisant des hypothèses, la réalité historique vient à nous dans les enfants de Thierry.

LES enfants de Thierry forment la troisième génération connue de la famille. Elle fournira, deux membres à notre Université de médecine. L'un ne dépassera pas le grade de docteur-agrégé, ce sera Pierre Haguenot. L'autre, Honoré, deux ans après la mort de son père, aura repris la charge paternelle de Démonstrateur royal d'anatomie. Nous pourrons ainsi le considérer comme le deuxième professeur de la famille.

Au moment où Thierry allait disparaître, Pierre, son troisième enfant, venait d'éprouver une cruelle déception. Né à Montpellier, le 4 octobre 1609, il avait eu pour parrain son oncle, le célèbre chanoine Gariel. Ce parrainage lui avait-il porté bonheur ? Le goût héréditaire des siens pour les questions médicales s'était-il plus vivement éveillé en lui ? Toujours est-il qu'il avait semblé devoir être le phénix de la famille et qu'en 1639, — il n'avait pas trente ans ! — nous le voyons devant les juges de l'Ecole, *cum toga et biretto quadrato*, concourir pour une chaire vacante de professeur royal.

Voyez-vous cette famille entière passionnée pour ce combat ? Le chanoine Gariel est là pour, le matin du 25 janvier, célébrer la messe en appelant sur le jeune audacieux les lumières d'en haut. Les prières à l'Esprit-Saint ne manqueront pas : le parrain d'Honoré, le chanoine Honoré Hugues, montera aussi à l'autel de la cathédrale. Thierry, qui s'abstient par délicatesse, étant lui-même professeur, de paraître à l'Ecole, est renseigné d'heure en heure par Honoré, son cinquième enfant, lui aussi docteur. Il n'est pas jusqu'au vieux La Rose (13), le garçon chirurgien, qui n'ait jeûné le matin, et vous chercheriez vainement dans la maison Mlle Tréphine : elle vient de porter un cierge à Notre-Dame-des-Tables.

En dehors de la famille, les confrères du jeune docteur ne font pas des vœux moins ardents. Ils ont, en vers latins, célébré son talent et sa science. Voici ce qu'il a reçu avant de partir pour le concours :

IN HONOREM CLARISSIMI VIRI DOM. D. HAGUENOT, DOCTORIS MEDICI
PRO REGIIS PROFESSIONIBUS DISPUTANDIS

EPIGRAMMA :

Sistite indilium, patres justissimi et æqui
Regia vincenti palma bilance cadat
Contendunt alii lustris et jure senectæ
Gloria vitæ alios vana vigentis alit
Crescit adhuc virtus Haguenoti æquatque priores
Si par crescendo est num cito major erit.

Qui se peut ainsi traduire : « Fixez votre jugement, juges pleins de justice et d'équité. Que la palme royale appartienne justement au vainqueur. Les uns y prétendent par l'âge et par droit de vieillesse, d'autres sont soutenus par la

vaine gloire d'une vie de renommée. Le mérite d'Haguenot
ne fait que s'en accroître et il égale ses prédécesseurs :
s'il va toujours croissant, ne les dépassera-t-il pas bientôt ? »

Et ces deux autres épigrammes, que je vais citer aussi :

AD ILLUSTRISSIMUM ORNATISSIMUMQUE VIRUM DOM. D. PETRUM HAGUENOT
DOCTOREM MEDICUM PRO ESCULAPIIS CATHEDRIS DISPUTANTEM

> *Patris ad exemplum regalia munerà carpes,*
> *Hagnole, et simili sorte fruere simul.*
> *Hic te fata vocant, favet e vertice Phœbus,*
> *Accinit et meritis fama secunda tuis,*
> *Nec juvat invictis opponant viribus annos,*
> *Ipse etenim imberbis doctus Apollo fuit !*

AU TRÈS ÉRUDIT ET TRÈS SAVANT HOMME, LE DOCTEUR PIERRE
HAGUENOT, CONCOURANT POUR UNE CHAIRE D'ESCULAPE.

« A l'exemple de ton père, tu occuperas des fonctions
royales, Haguenot, et tu jouiras en même temps que lui du
même sort. Là t'appelle ta destinée, Phœbus te favorise d'en
haut, l'opinion publique est pour toi, elle est favorable à ton
mérite et elle n'aime pas qu'on oppose le nombre des années
à des forces supérieures : le docte Apollon lui-même n'a-
vait pas de barbe. »

> *Quidquid Aristoteles nobis monumenta recludunt*
> *Arcana et Sophiæ dogmata cuncta tenes.*
> *Omnia plantarum nosti discrimina quæque*
> *Herba juvet monstras, quæque sit herba nocens,*
> *Corporis humani contextus, vincula, plexus,*
> *Sunt tibi clara magis quam tua nota domus,*
> *Hæc tria cùm Medicum tollant super æthera, quid tu*
> *Debita virtuti præmia certa feres ?*

« Tu connais tous les dogmes et doctrines de philosophie et tout ce que renferment les œuvres d'Aristote, tu connais toutes les variétés des plantes, tu sais démontrer en botanique tout ce qui est salutaire ou nuisible, tu connais mieux la structure et la conformation du corps humain que ta maison bien connue. Pourquoi, avec ces trois connaissances qui suffisent pour distinguer un médecin, n'arriverais-tu pas au premier rang pour remporter le prix dû à ton mérite ? »

Mais j'ai dit qu'une déception devait couronner ses travaux. Pierre Haguenot n'obtint pas la chaire convoitée. Mais il nous a laissé un ouvrage de lui, qu'un membre de notre famille a retrouvé. C'est l'ouvrage même dont il faisait la soutenance en vue de la fonction de professeur royal ; il est intitulé : *Questiones XII e medecina deprumptae quas (Deo favente) in aula magna regii collegii Monspelliensi triduo integro propugnante diebus 25, 26, 27 januarii, anni 1639, Petrus Haguenot, Monspelliensi medicinæ doctor disputavit.*

Douze questions de médecine (qu'avec l'aide de Dieu) Pierre Haguenot, docteur en l'Université de médecine de Montpellier, a développées et soutenues pendant trois jours entiers, les 25, 26 et 27 janvier 1839, dans la grande salle du collège de médecine de Montpellier.

Trouva-t-on Pierre trop jeune ? Les éloges qui précèdent nous permettent d'accuser plutôt son âge que son savoir. Il y avait alors trois ans que le *Cid* avait jeté au peuple de France ce vers historique :

La valeur n'attend pas le nombre des années.

Pierre Haguenot conçut un vif chagrin de son échec. Son père lui avait fait promettre de ne pas laisser sortir de la famille la chaire qu'il avait occupée. Après la mort de Thierry, Pierre tint son serment. Mais il le tint en forçant son frère Honoré à concourir pour la chaire paternelle. Lui-même avait à plusieurs reprises repoussé l'idée de tenter un autre essai. Le docteur Pierre Haguenot secoua la poussière de ses sandales sur le seuil de l'Ecole qui l'avait admis comme agrégé et lui avait ensuite refusé une chaire. Marié à Montpellier avec Isabeau de Nille, dont il n'avait eu qu'une fille qui ne vécut pas, il mourut en 1667 et fut inhumé à côté de son père dans l'église Saint-Paul.

Le rêve de Thierry Haguenot fut réalisé par Honoré, son cinquième enfant. Je viens de dire l'ingénieux moyen trouvé par Pierre de respecter la volonté paternelle, tout en se retirant sous sa tente.

Honoré était né le 31 juillet 1611. Comme son frère Pierre, il avait eu pour parrain un chanoine de la cathédrale, non un homme célèbre, mais un homme pieux, le vénérable Honoré Hugues, intime ami de la famille Gariel. L'Université de médecine reçut Honoré Haguenot comme docteur agrégé ; mais deux ans après la mort de son père, en 1646, l'acte de baptème de l'un de ses enfants le qualifie de Démonstrateur royal d'anatomie. La chaire de Thierry Haguenot n'était pas sortie de la famille. Le père pouvait tressaillir de joie dans sa tombe. On disait au moyen âge que l'âme des vieux barons revenait errer au manoir familier le jour où leur jeune fils chaussait pour la première fois les éperons d'or.

L'âme de Thierry revint-elle dans le petit logis de la rue Saint-Guilhem ? S'il est vrai que ceux qui disparaissent de ce monde peuvent voir encore les êtres chers qu'ils y ont laissés, il m'est permis de croire qu'en prenant possession de la chaire de son père, Honoré sentit planer sur lui une ombre tutélaire.

Il avait alors trente-cinq ans. L'Université de médecine venait peut-être de choisir le cri de « Place aux jeunes ! »

comme devise, quelques années trop tard pour l'irascible Pierre Haguenot.

Moins encensé que son frère, Honoré nous présente un exemple frappant d'un cas assez souvent observé. Que de fois le succès vient, en ce monde, à ceux qu'il paraissait le moins choyer, et le jugement des parents et des amis se heurte-t-il à celui de l'opinion publique !

Honoré occupa sa chaire pendant vingt-six ans ; il fut le deuxième membre de la famille investi d'une fonction à l'Université de médecine.

Il mourut en 1672, laissant, du mariage qu'il avait contracté le 29 décembre 1636 avec Suzanne Rieutor, plusieurs enfants, parmi lesquels Pierre et Daniel Haguenot, l'un docteur en l'Université, l'autre maître chirurgien juré et commis aux rapports de la ville de Montpellier.

Mais il serait injuste de passer à la génération suivante sans parler d'un frère d'Honoré, Jean Haguenot, né en 1614. A côté de la descendance d'Honoré qui, à l'heure où je parle, n'est pas encore éteinte, la descendance de Jean aura à nous occuper. Sa personnalité disparaît à côté de ses frères ; il n'était qu'un humble serviteur de la science médicale. Ni professeur, ni même docteur, il menait une vie paisible et retirée auprès de sa femme, Marie de Casseyrol, sœur d'un professeur à l'Ecole de droit et parente des d'Aigrefeuille. Mais, si aucun titre personnel n'attire nos regards sur lui, songeons qu'il va être le chef de la branche cadette de la famille, et que cette seconde tige de l'arbre généalogique nous donnera le professeur Jean-Henri Haguenot et le doyen Henri Haguenot.

Nous voici à la quatrième génération de la famille.

Elle va donner à notre Université de Médecine trois de ses membres qui, simultanément, exerceront leur profession tant dans la ville qu'à l'Ecole. La branche aînée sera représentée par Pierre et Daniel Haguenot. La branche cadette s'épanouira dans le professeur Jean-Henri Haguenot. Pierre, le premier en date, était né le 12 mai 1643, d'Honoré Haguenot, et de Suzanne Rieutor. Il était le troisième des six enfants que laissa le Démonstrateur royal d'anatomie.

Selon une ancienne coutume, dont nous avons vu maintes fois l'application, il porta le prénom de son parrain, le docteur agrégé Pierre Haguenot, qui, lui-même, avait été filleul du chanoine Pierre Gariel. Il fut reçu docteur en médecine en 1665. Son diplôme est délivré au nom de Jean-François de Malide, évèque de Montpellier.

Le docteur Pierre Hagenot n'eut pas d'histoire. Fauché à l'àge de 48 ans, il mourut le 19 août 1691, laissant huit enfants et une veuve, Elisabeth Sigalon, parente des Lapeyronnie et à laquelle le père du célèbre chirurgien montpelliérain avait servi de témoin lors de son mariage.

Le frère de Pierre, Daniel Haguenot, était le cinquième enfant d'Honoré. Né le 3 mars 1650, lui aussi avait eu pour parrain le docteur-agrégé Pierre Haguenot, son oncle. Marié à Montpellier, le 10 avril 1671, il avait épousé, comme son frère, une parente des Lapeyronnie, Nicole Fabre.

Daniel fut maître chirurgien juré et commis aux rapports de la ville. Cette qualité était dévolue à ceux qui étaient chargés d'examiner les aspirants à la chirurgie et, à ce titre, nous pourrions considérer Daniel comme l'un de nos professeurs. Mais, au point de vue des fonctions publiques, cette qualité a une bien plus haute portée.

Le premier chirurgien ordinaire du roi avait pouvoir, — et ne se faisait pas faute d'en user, — de désigner pour le représenter, dans les principales villes du royaume, un maître en chirurgie. Cet officier prenait alors le titre de lieutenant du premier chirurgien du roi, chirurgien juré, commis aux rapports. C'était lui qui conférait les titres de maître en chirurgie, lui aussi, qui, devant les Cours souveraines, faisait les rapports de chirurgie légale.

Par l'importance même de ses fonctions, le chirurgien juré commis aux rapports était l'expert par excellence des tribunaux, et certainement l'un des chirurgiens les plus distingués de la ville.

Daniel Haguenot exerça ses fonctions jusqu'en 1728, année de sa mort.

Grâce à lui, trois générations, qui ont plus particulièrement étudié la chirurgie, viennent dans notre famille de médecins de se succéder sans interruption : Thierry, démonstrateur royal d'anatomie; son fils, Honoré, démonstrateur royal d'anatomie, et Daniel, maître chirurgien juré.

Des fils de ce dernier, aucun ne suivit la profession paternelle. L'un d'eux, conseiller du roi, receveur des tailles du diocèse de Béziers et Trésorier payeur en la Cour des comptes, Aides et Finances de Montpellier, fonctions qui, d'après un édit de Louis XIV, du 10 octobre 1704, conféraient la noblesse transmissible aux descendants, ne fut pas cependant indifférent aux pauvres de notre ville, puisque le tableau des bienfaiteurs de l'Hôpital Général de Montpellier enregistre son nom en regard d'un legs important pour l'époque, qui revint à cet hospice après sa mort.

Cet acte de bienfaisance, dont bénéficia notre Hôpital Général, sera le prélude d'autres actes plus importants. Nous allons, en effet, parler de la branche cadette de la famille. Elle sera représentée à l'Ecole par deux médecins seulement : Jean-Henri et son fils Henri. Leur science et leur mérite n'ont pas rencontré, parmi nos contemporains, que des oublieux. La salle des actes de notre Faculté de médecine garde respectueusement leurs portraits, et les livres qui traitent des médecins célèbres de France citent élogieusement leurs noms. Mais parce qu'elles ne sont plus aujourd'hui entendues, les bénédictions des pauvres qu'ils secoururent ne font pas autour de leurs noms un moins glorieux concert. La fortune entière de la branche cadette n'eut qu'un légataire : l'Hôtel-Dieu Saint-Eloi.

LE cousin germain de Pierre et de Daniel Haguenot, Jean-Henri, qui devait ajouter plus tard tant d'éclat à la renommée des siens, naquit, le 3 janvier 1643, de Jean Haguenot et de Marie de Casseyrol. C'était le premier-né d'un ménage modeste. Son berceau connut plus de larmes que de sourires. Le mariage de Jean Haguenot avait soulevé des colères. Il avait été le dénouement d'un de ces romans fréquents, où une jeune fille et un jeune homme ont engagé leur foi en omettant la formalité préalable d'en avertir leurs parents. Ils avaient subi tout ce qu'un amour contrarié peut faire naître d'incidents : supplications, larmes, prières, embuscades du soupirant à l'angle des rues que fréquente la dame de ses pensées, stations au bas des églises pour la joie suprème, en offrant l'eau bénite, d'effleurer le bout de ses doigts, puis demande en mariage présentée et repoussée, menace du cloître pour la fille et d'une volée de bois vert pour le garçon, mariage, enfin, mais au milieu de parents rechignés, qui ont prononcé le « sans dot » d'Harpagon, et qui cèdent de mauvaise grâce, dissimulant sous un sourire contraint la dent terrible qu'ils gardent au gendre ou à la brû triomphatrice.

Les époux, enfin réunis, rient bien de cette déconvenue ; qu'importent le monde à deux êtres qui s'aiment ? Mais voici le premier-né, et les discordes ne sont pas éteintes. Néanmoins, Jean de Casseyrol, le grand-père, accepte d'en être le parrain. Marguerite Gariel, l'arrière-grand'mère, espère, par la majesté de son grand âge et l'autorité de son exemple, prêcher la conciliation : elle est marraine. Mais c'est une paix bien précaire, une paix boîteuse et mal assise, que de misérables questions d'intérêt vont anéantir au lendemain du baptème. Un an et quelques mois se passent en froissements, en discussions futiles, et l'enfant est tour à tour choyé et repoussé par ses oncles maternels.

Le 26 décembre 1647, le ménage de Jean Haguenot, s'augmente d'un autre fils. Pierre Haguenot, docteur-agrégé, qui doit en être le parrain, tente vainement la réconciliation à laquelle Jeanne de Nicolay, mère de la femme de Jean Haguenot, contribue aussi sans un meilleur succès.

Enfin, vers 1650, intervient une accalmie. Deux jumeaux viennent de naître : Honoré et Henri. Les deux familles se réunissent. Honoré, démonstrateur royal d'anatomie, sera le parrain du premier avec Marguerite de Casseyrol, l'une des irréconciliables. L'autre irréductible, Henri de Casseyrol, docteur et *advocat*, sera, avec Tréphine Haguenot, parrain du second, qui s'appellera Henri. Peut-être faut-il voir dans ce dernier enfant la colombe de l'arche portant le rameau d'olivier, car il ne paraît pas que, dans la suite, la bonne entente ait été troublée entre ces Montaigus et ces Capulets. Henri, qui devait entrer dans les ordres, devenir prieur et seigneur de Saint-Vincent de Barbeyrargues et laisser la réputation d'un saint homme, avait fait, en naissant, le plus efficace des sermons sur l'union dans les familles.

Jean-Henri grandit au milieu de six frères et sœurs Il étudia chez les jésuites, devint un latiniste distingué et songea même un instant à demeurer dans le collège pour y prononcer les vœux.

A ce moment, son frère Henri ayant pris la prêtrise, Jean-Henri se décida pour un non moins utile sacerdoce : il embrassa la profession médicale sur le conseil de son oncle Daniel, maître chirurgien juré, qui jugeait qu'un homme d'église suffisait à la famille. Jean-Henri apporta sur les bancs de l'Université de médecine la ténacité de travail et la prompte intelligence dont il avait donné des preuves chez les jésuites. Il fut admis rapidement au grade d'agrégé.

En 1684, à l'âge de 38 ans, il avait épousé demoiselle Marguerite Astruc, fille de messire Jean Astruc, conseiller du roi, receveur des tailles du diocèse de Saint-Papoul.

Quelques années plus tard, en 1695, il concourait pour l'obtention d'une chaire vacante. Comme à son grand-oncle, Pierre Haguenot, elle lui fut d'abord refusée, bien que, ainsi qu'il est dit à la fin d'un ouvrage déposé à la bibliothèque de notre Ecole de médecine, « ce fut un homme très distingué en rang et en honneurs. »

A la fin de cette même année 1695, Jean-Henri reçut des lettres de provision de « Contrôleur général des finances de la généralité de Montpellier ». Elles étaient ainsi conçues :

Louis, par la grâce de Dieu, roi de France et de Navarre, à tous ceux qui ces présentes verront, salut.

Scavoir faisons que par la pleine et entière confiance que nous avons reconnue en la personne de notre cher et bien amé Mre Jean-Henri Haguenot et de suffisante loyauté, prud'hom-

mie, expérience et affection à notre service, pour ces causes,
Nous lui avons donné et lui donnons et octroyons par ces pré-
sentes l'Office de Notre Conseiller-Contrôleur Général ancien
de nos finances en la Généralité de Montpellier, etc., etc. —
15 décembre 1695. Signé : LOUIS.

Et, à ce sujet, je pourrais faire remarquer qu'il existe aux
Archives départementales de l'Hérault quelques écrits de
lui ou sur lui, où il est qualifié de noble homme et de messire.

On sait qu'un édit de Louis XIV, d'octobre 1704, enregis-
tré en la Cour des Aydes de Paris, conférait la noblesse
transmissible à leur postérité aux officiers des Cours de
Parlement, Chambres des Comptes, Cours des Aydes, Con-
seils supérieurs, Bureaux des finances du royaume, à condi-
tion d'avoir servi vingt ans dans leurs offices ou être décédés
en étant revêtus.

En voici les termes :

« Le Roi ayant remarqué qu'un des avantages qui décore
» le plus les charges des officiers des Cours supérieures du
» royaume, est la noblesse qui y est attachée de tout temps
» lorsque le père et le fils sont morts revêtus desdites charges
» ou qu'ils les ont exercés pendant vingt années, accorde aux
» officiers des Cours de Parlement, Chambres des comptes,
» Cours des aides, quatre dispenses d'un degré de service
» pour pouvoir acquérir la noblesse et la transmettre à leur
» postérité, au moyen de quoi, après avoir servi vingt années
» dans leur office ou étant décédés revêtus d'iceux, eux, leurs
» veuves en viduité et leurs enfants nés ou à naître en loyal
» mariage seront nobles et jouiront de tous les mêmes droits
» et privilèges dont jouissent les autres nobles du Royaume ».

Messire Jean-Henri Haguenot, conseiller du Roi, contrôleur général des finances du Languedoc et conseiller réfé-

rendaire à la Cour des monnaies de Lyon, officier du bureau des finances de Montpellier pendant 34 ans et, de plus, décédé revêtu de cet office, devait non seulement être noble, mais encore transmettre sa noblesse à ses descendants.

Un édit de Louis XIV, du mois de novembre 1696, avait établi, à Paris, une grande-maîtrise générale avec dépôt public des armes et blasons de toutes personnes, maisons, familles, provinces, villes, gouvernements, archevêchés, évêchés, abbayes, corps, compagnies et communautés du royaume.

Cet édit contenait l'énumération de ceux qui pouvaient, à raison de leur position, avoir des armoiries, à la charge par eux de les faire enregistrer au dépôt, moyennant un droit d'enregistrement.

Un arrêt du Conseil du Roi, en date du 5 mars 1697, défendait à toutes personnes de porter les armoiries de leurs père et mère que préalablement ces armoiries n'eussent été enregistrées dans l'armorial général. Un autre arrêt du Conseil, du 19 du même mois, permettait à ceux qui avaient fait enregistrer leurs armes, de les mettre sur leurs carrosses, vaisselle, cachets, etc.

C'est ainsi que fut créé l'*Armorial général de France*, immense répertoire de 34 volumes in-folio de texte, contenant les armoiries coloriées de toute la France, divisée en généra-lités ou intendances, et présentant une liste de soixante mille noms.

Suivant l'édit, ces armoiries, avant d'être enregistrées à l'armorial général, devaient être portées aux bureaux des maîtrises particulières de chaque généralité, pour y être vues et vérifiées par les officiers et ensuite être envoyées avec l'avis de ces officiers à la grande-maîtrise, qui les vérifiait à nouveau et les enregistrait définitivement. Le garde de l'ar-morial général devait faire des brevets ou expéditions de cet enregistrement et envoyer le titre aux officiers des maîtrises particulières, qui les délivraient aux intéressés contre quittance des droits d'enregistrement. Ces brevets étaient expédiés sur un carré de parchemin en haut duquel les armoiries étaient peintes et blasonnées. En marge et en haut de ce parchemin, étaient marquées la généralité et la résidence de l'impétrant (15).

Les armoiries de Jean-Henri Haguenot étaient : *d'azur à six panaches, trois d'argent, trois de gueules, mouvant en rond d'un besant d'or* (16).

Mais ce ne peut être de ces vaines satisfactions, dépourvues aujourd'hui de signification par l'abus même que des ignorants en ont fait, que Jean-Henri Haguenot dut tirer gloire. Une famille liée comme la sienne à l'Université ne voulait d'honneurs durables que par le travail et l'intelligence.

C'était encore son titre de docteur-agrégé qui lui était le plus cher, car il sentait bien que toute une famille de médecins revivait en lui. En décembre 1714, il écrivait à son frère Henri, prieur et seigneur de Saint-Vincent-de-Barbeyrargues : « Comme je vous l'ai mandé, M. Lolier vient de me » confirmer l'intention du Conseil de créer une chaire qui » me devrait être réservée. Vous pensez, mon cher frère, » s'il me sera doux de suivre un exemple qui est, pour nous, » une tradition. Je voudrais aussi que votre fils (lisez votre » filleul) puisse un jour la continuer et je veux en demander » pour lui la survivance ».

En 1715, la chaire dont il est question fut créée. Le projet de Jean-Henri Haguenot put être intégralement accompli. La survivance de sa charge fut accordée à son fils Henri. Jean-Henri, comme on vient de le voir, rêvait surtout de perpétuer dans l'école le nom de son grand-père. Sa chaire avait été formée par la réunion de deux agrégations (17).

Le professeur Jean-Henri Haguenot eut le bonheur de voir, pendant quatorze ans, sa chaire occupée par son fils.

Il vit poindre sa renommée naissante et mourut le 21 décembre 1730, au moment où l'Université de médecine de Montpellier brillait de son plus vif éclat. Le professeur Henri Haguenot avait 43 ans ; l'Ecole comptait avec lui Astruc, Deidier, Chicoyneau. A la Cour de France, le premier chirurgien du roi sortait aussi de notre Ecole et se nommait François de Lapeyronnie, et sur les bancs de nos étudiants et de nos jeunes docteurs, voici François Boissier de Sauvages de la Croix (18), dont la thèse, « Si l'amour peut être guéri par les remèdes tirés des plantes », fait époque et marque le point de départ de sa future renommée, Boissier de Sauvages, dont un descendant est l'un de nos collègues, qui, après avoir perpétué le souvenir de son aïeul en un de ces ouvrages charmants dont il a le secret, répand lui-même autour de notre vieille École de médecine le rayonnement de sa science en laquelle elle revit ses beaux jours d'autrefois.

C'est au milieu de ces maîtres que Jean-Henri Haguenot laissait un fils, dont, selon l'expression de De Ratte, « il cherchait uniquement la gloire ».

DEUX portraits de grandeur naturelle reproduisent dans notre Faculté de médecine les traits des professeurs Jean-Henri et Henri Haguenot. L'un d'eux porte cette inscription :

JOANNES-HENRICUS HAGUENOT, REGIS CONSILIARIUS, AERARII OCCITANI SUPREMUS PREFECTUS ET IN ALMA MONS-PELIENSI MEDICINAE ACADEMIA PROFESSOR REGIUS.

C'est le portrait du père. Sur l'autre, on lit ceci :

N.-D. HENRICUS HAGUENOT, REGIS CONSILIARIUS ET MEDICUS ORDINARIUS IN LUDOVICEO MEDICO PROFESSOR ET DECANUS ET IN SUPREMA COMPUTORUM ET FISCI CURIA SENATOR.

C'est le portrait du fils.

Tandis que jusqu'à présent je m'en suis à peu près tenu aux notes de famille, aux actes de baptême et d'inhumation, à des correspondances retrouvées et aux rares documents que mes recherches sont parvenues à découvrir, la notoriété même du doyen Henri Haguenot va m'ouvrir de plus vastes horizons, et ce sera de ma volonté seule que je bornerai mes dires pour ne pas sortir du cadre de mon travail.

L'acte de baptème d'Henri, qui va à lui seul représenter à l'Ecole la cinquième génération connue de la famille, porte sa naissance au 26 janvier 1687. Il était le deuxième enfant issu du mariage du professeur Jean-Henri Haguenot avec Marguerite Astruc, et dont la postérité initiale de neuf enfants devait s'éteindre avec Henri, auquel sa descendance ne devait pas survivre.

Le prénom d'Henri lui fut donné par son parrain Henri Haguenot, prieur et seigneur de Saint-Vincent-de-Barbey-rargues (19), qui l'avait lui-même reçu de son oncle et parrain Henri de Casseyrol. La marraine de notre grand médecin était Marie de Chalons, femme de messire Jean Astruc ; mais je n'ai pu établir si elle était l'aïeule ou la tante maternelle du nouveau-né. Je penche cependant pour l'aïeule, car Jean Astruc, le grand-père, avait, en 1685, été le parrain de la sœur d'Henri, première née, et il est permis de croire que si la grand'mère vivait encore en 1687, elle devait être la marraine du deuxième enfant.

Henri fit ses premières études au collège royal de Montpellier et embrassa la profession paternelle. La Société royale des sciences l'admit en 1706, comme élève de Chicoyneau. Henri Haguenot n'avait pas vingt ans et n'était que bachelier. C'était l'année même de la fondation de la Compagnie et c'est avec joie qu'on la voit dès sa naissance, comme elle continue à le faire dans le corps de l'Académie des sciences et lettres de Montpellier, qui a réincarné son âme, sourire aux jeunes et compter sur eux.

Reçu docteur peu après, il faisait des cours particuliers,

où son talent pour instruire se révéla avec un vif éclat. En 1709, il était, aux côtés de son père, docteur agrégé, et, lorsqu'en 1715, on créa pour Jean-Henri Haguenot une huitième chaire, car l'Université de médecine n'avait compté jusque-là que sept professeurs, « M. Haguenot le père s'en démit presque aussitôt en faveur d'un fils dont il cherchait uniquement la gloire » (20), selon la phrase de De Ratte.

En 1713, le *Recueil de l'Académie des sciences de Paris* avait inséré, comme communication de la Société royale des sciences de Montpellier, un mémoire d'Henri Haguenot sur le mouvement des intestins dans la passion iliaque, connue sous le nom de *Miserere*. Pour se documenter sur ce travail, Henri avait ouvert un grand nombre de chiens vivants, et s'était ainsi assuré que l'espèce de vomissement qui est le principal symptôme de ce mal ne dépend point d'un mouvement antipéristaltique, mais d'un obstacle dans le canal intestinal.

A la Société royale des sciences, Henri était devenu associé en 1711. Il passa successivement dans la classe de la botanique, dans celle de l'anatomie et dans celle de la chimie. A l'assemblée publique de la Compagnie pour l'année 1729, il lit une dissertation sur des expériences de fonte de la glace. La collection générale des travaux de la Société va nous montrer son mémoire sur l'hydrophobie, qu'il juge incurable. Que ne pouvait-il embrasser d'un regard prophétique, à un siècle de distance, les merveilleuses découvertes de Pasteur et prédire l'époque où, par la munificence d'un de ses successeurs à l'École, nous verrions s'élever à côté de la ville cet asile magnifique, à l'ombre duquel la rage et la diphtérie sont impuissantes.

En 1734, Haguenot consacre un travail aux maladies dont s'était occupé Fracastor et indique pour les soigner une méthode devenue célèbre en Europe sous le nom de méthode de Montpellier (21).

Mais deux de ses ouvrages priment les autres : l'un par son importance et parce qu'il nous montre la collaboration du père et du fils, c'est le traité : *De morbis capitis externis*, qui fut imprimé à Avignon, dans le format in-12, en 1750, et dans lequel plusieurs observations faites par son père sont relatées et servent à étayer les conclusions du fils (22).

L'autre ouvrage a un intérêt historique. Ecrit en 1745, il fut publié trois ans plus tard, et j'en ai trouvé des extraits (23). Il y est traité du « danger des inhumations dans les églises ».

Quatre personnes étaient mortes subitement dans un des caveaux de l'église Notre-Dame, à Montpellier, au moment où on allait y ensevelir un mort. C'est de cet accident que naquit la campagne entreprise par le professeur Haguenot. Ennemi des préjugés, il eut le courage de s'attaquer, pour le bien de l'humanité, à une coutume invétérée. Il attira l'attention sur l'accident, montra le danger de voir se renouveler le malheur, prouva que l'air des églises transformées en cimetières ne pouvait qu'être vicié. Et à ceux qui veulent toujours voir un sacrilège dans tout ce qui touche à l'étroitesse de leurs idées, il cite la pratique de l'ancienne Église, la disposition de ses canons et de ses lois. La lutte fut longue, comme toutes celles qui ont pour but de faire triompher une idée juste. Elle fut même parfois amère. Vous voyez aujourd'hui qui avait raison.

Je pourrais citer d'autres ouvrages de lui : notamment son étude sur un bassin formé par la nature près du village de Pérols, où l'eau de la pluie bouillonnait sans perdre sa froideur naturelle, ce qui, dans la langue du pays, avait fait donner à cette mare le nom de *Boulidou*. En 1743, le professeur Haguenot fait des recherches sur le *Boulidou*. Lorsque la mare est à sec, il s'en dégage des gaz qui éteignent la flamme et suffoquent les animaux, et M. Haguenot conclut, comme il conclura aussi plus tard pour le danger des inhumations dans les églises, à l'exhalaison d'une moffette des plus dangereuses (24).

D'autres travaux de lui sur la nutrition, sur les sensations, sur les fièvres en général, sur la transpiration insensible (25), pourraient solliciter la critique médicale. Mais tel n'est pas le cadre de notre travail, et les compétences spéciales nous font défaut pour juger dans leur œuvre médicale les médecins dont nous contons la vie.

L'éloge que De Ratte prononça de lui, en 1776, devant les Etats Généraux du Languedoc, dans l'assemblée publique de la Société royale des Sciences, nous apprend ce que fut le professeur : « Il suivait communément dans ses leçons les » routes fréquentées, offrant à ses auditeurs des vérités » utiles, quoique souvent simples et élémentaires, et toujours » appuyées sur l'observation. A beaucoup d'ordre et de » méthode, il joignait encore le mérite d'une latinité pure, » claire et élégante, puisée dans les meilleurs auteurs, qu'il » s'était, de bonne heure, rendus familiers » (26).

Mais Henri Haguenot, que vous connaissez maintenant comme académicien et comme professeur, doit avoir aussi une place d'honneur parmi les bienfaiteurs de l'Université.

De son premier mariage avec Marie Artaud, fille de messire François Artaud, conseiller du roi, receveur des finances en la généralité de Montpellier, naquit un fils Jean-Henri, le 22 avril 1736. Cet enfant, dont la naissance coûta la vie à sa mère, ne vécut pas. De son second mariage avec Marguerite Imbert, fille de messire Bernard Imbert, conseiller du roi, receveur des fermes de Sa Majesté au département de Montpellier, était née, en 1739, le 21 février, une fille, Marguerite-Madeleine, qui devait mourir à l'âge de 3 ans. Savez-vous qui fut parrain et marraine de cette fille ? Le célèbre professeur Haguenot n'usa ni de son rang ni de ses hautes relations pour rechercher des parrainages propres à flatter la vanité. Le parrain de sa fille s'appelait Antoine Dupin et la marraine Madeleine Causse, tous deux jeunes orphelins et enfants assistés de l'Hôpital-Général. C'est dans ce même Hôpital-Général que nous retrouvons aujourd'hui le portrait de Marguerite Imbert, qui fit des pauvres de cet hospice ses légataires universels.

Nommé recteur perpétuel de l'Hôtel-Dieu Saint-Eloi, il s'était, à l'âge de quatre-vingts ans, retiré de l'Université en conservant le titre de professeur doyen vétéran. C'est alors qu'il va fonder à Saint-Eloi, à côté même des malades, une bibliothèque de médecine qui sera plus tard affectée à la Faculté (1802).

Ce fut une bibliothèque publique. Le bureau d'administration de l'hospice prit, de concert avec lui, plusieurs délibérations à cet effet, qui furent autorisées par un arrêt du Parlement de Toulouse. Cette bibliothèque devait être ouverte au public deux fois par semaine. Une somme de 20,000 livres fut inscrite dans son testament pour l'entretien de sa bibliothèque, dont les docteurs Amoreux père et fils, ses amis, furent les premiers bibliothécaires. Son testament donne la plus grande partie de ses biens à l'Hôtel-Dieu Saint-Eloi, dont il rêve l'agrandissement (27). Ce sera avec ses fonds qu'on construira les portiques et galeries qui entourent les cours. Et, finalement, l'Université de Montpellier bénéficiera de sa munificence, puisqu'elle héritera, par la force des choses, des portiques et des livres.

Le buste de Henri Haguenot est dans la salle de notre Faculté de médecine, où sa bibliothèque a été recueillie, et

sur le socle qu'il surmonte lisez la longue inscription latine dont voici la traduction : « Henri Haguenot, conseiller et
» médecin ordinaire du roi, conseiller en la Cour suprême des
» Comptes, Aydes et Finances, ancien doyen émérite de la
» Faculté de médecine, membre de la Société royale des
» Sciences, recteur perpétuel de cet Hôtel-Dieu, comblé de
» titres honorifiques sans en devenir plus fier, vraiment célèbre
» par ses mœurs, ses écrits, ses cures ; après avoir vieilli dans
» l'auguste assemblée, dans l'Université de médecine et les
» chaires de l'Ecole, ayant toujours bien mérité du genre
» humain, entreprit, encore octogénaire mais plein de santé,
» de servir les intérêts publics en trouvant habilement de nou-
» veaux moyens pour créer le bien des pauvres. Après avoir
» épuisé ses leçons de vive voix, désirant laisser à la postérité
» des enseignements durables, il voulut que sa bibliothèque
» tout entière sur l'art médical fût conservée dans cet asile de
» malades, qu'elle fût enrichie tous les ans de nouveaux livres,
» et que, consacrée à l'usage public, elle fût ouverte à tout le
» monde.

» Enfin, à sa mort il légua d'autres biens soit pour achever
» cet édifice soit pour soigner ceux qui l'habitent et fut ainsi
» bienfaisant dans la vie comme dans la mort. Ses collègues,
» administrateurs de cette sainte demeure, lui ont, à l'unani-
» mité, élevé ce monument l'an 1776. Et cette bibliothèque
» a été solennellement ouverte le 20 janvier 1768, son fonda-
» teur est mort le 11 décembre 1775 » (28).

Les livres d'Henri Haguenot furent le premier noyau de la bibliothèque de notre Ecole de Médecine. Ils sont tous ornés d'un *ex-libris* représentant deux écus accolés, dont l'un porte les armes de la ville de Montpellier et l'autre, sur champ d'azur, une mappemonde flanquée de deux étoiles et surmontée d'une couronne de comte. Une banderolle placée au sommet des deux écus porte ces mots : *Bibliotheca Haguenoliana*.

Giral, l'architecte du Peyrou et du château de Langaran, avait construit pour lui la maison dont j'ai parlé plus haut, sise près du Peyrou (29).

Un projet, qu'il n'eut pas le temps de mettre à exécution, était de donner cette maison, où s'assemblait autour de lui la Société Royale des Sciences, à cette Compagnie. Faut-il regretter que le temps ait refusé à l'académicien cette satisfaction suprême ? Les sommes liquides provenant de ses legs ont été confisquées à la Révolution. Il en aurait été de même de l'immeuble. L'Hôtel académique de la rue de l'Aiguillerie, que le marquis de Montferrier avait fait obtenir à la Société, ne fut pas davantage respecté.

Etre, pendant 50 ans, professeur dans la Faculté de médecine, en avoir été le doyen, avoir donné de remarquables ouvrages scientifiques à son pays, s'être distingué dans les sièges de la Cour des Aydes et laisser après soi d'éloquents témoignages de sa munificence et de sa charité, voilà le bilan de cette existence de travail.

Henri Haguenot mourut dans sa quatre-vingt-neuvième année, préservé des infirmités de la vieillesse. Le docteur Amoreux, sur lequel il avait veillé comme un fils, et le chirurgien Lamorier lui fermèrent les yeux. Il fut inhumé dans le cimetière de l'Hôpital-Général, refusant l'inhumation dans une église au nom des principes qu'il avait défendus et auxquels il eut, avant de mourir, la joie de voir le haut clergé se rallier (30).

Cette existence si remplie n'avait eu que peu d'instants à donner au monde. On avait cependant songé à appeler M. Haguenot à Versailles comme premier médecin ordinaire du roi Louis XV (31). M. Haguenot n'était pas du bois dont on fait les courtisans et, bien que ses amis eussent assuré qu'il eût certainement réussi dans cette place, il s'opposa à continuer les pourparlers engagés dans ce but. Cet homme d'étude, qui avait débuté par être le médecin des pauvres de la Miséricorde, pesait à leur juste valeur les faveurs superficielles du monde, et croyait, avec raison, qu'une existence de Cour ne pouvait que le diminuer à ses propres yeux.

Sur sa tombe fermée, s'arrête la liste des professeurs que notre famille a donnés à notre Université ; mais nous verrons encore deux médecins continuer presque jusqu'à nos jours la tradition familiale.

Et, brièvement, je dirai quelques mots du docteur Marie-André Haguenot, mon arrière-grand-père, et du docteur Œdipe Haguenot, mon grand-oncle.

H ONORÉ HAGUENOT, qui avait, sur les instances de son
frère Pierre, repris la chaire de démonstrateur royal
d'anatomie laissée vacante par la mort de Thierry,
en 1644, avait laissé six enfants.

Tandis que son frère Jean donnait naissance, à la branche
cadette de la famille qu'illustrèrent les professeurs Jean-
Henri et Henri Haguenot, la branche aînée se continuait
dans les six enfants d'Honoré, dont l'un, le docteur Pierre
Haguenot, né en 1644, avait laissé huit enfants de son mariage
avec Elisabeth Sigalon. L'un d'entre eux, Daniel, né en 1676,
eut, entre autres enfants, un fils, qui s'appela Daniel comme
son père, et qui, né en 1716, fut, vers 1763, Noble Pru-
dhomme en la ville de Montpellier. De son mariage avec
demoiselle Reboul, dont la famille, représentée par des petits-
neveux, habite encore le département, naquirent trois enfants.
L'un d'eux fut Jean-Daniel Haguenot, né en 1739, et qui
épousa, en 1762, à Pézenas, une demoiselle Milhau, parente
du chimiste Venel.

C'est de ce mariage que naquit, à Pézenas, le 14 février 1765, Marie-André Haguenot.

Reçu docteur en médecine à Montpellier en 1787, il vécut dans sa propriété de la Serre, près Saint-Thibéry, et se maria dans cette localité en 1796, avec la citoyenne Marguerite de Beaumevieille, fille de Gabriel-Aphrodise de Beaumevieille, ci-devant lieutenant des milices garde-côtes et dont nous avons retrouvé la famille à de très anciennes dates comme intéressée à divers événements historiques (32).

Marie-André Haguenot fut, pendant les guerres de la Révolution, affecté à l'armée des Pyrénées-Orientales comme médecin militaire.

Voici, à titre de document, la copie de sa lettre de service :

<table>
<tr><td>ARMÉE
DES
PYRÉNÉES-ORIENTALES
10e Division militaire</td><td>AU NOM DE LA REPUBLIQUE
FRANÇOISE</td></tr>
</table>

Nous, Charles-Gauldrée BOILLEAU, commissaire-ordonnateur de la 10ᵉ Division militaire et en chef de l'Armée des Pyrénées-Orientales,

Vu la nécessité d'augmenter le nombre des médecins à l'ambulance de l'Armée, sur la présentation qui nous a été faite par le premier médecin de l'Armée du citoyen Marie-André Haguenot, pour remplir l'une de ces places, Avons commis et commettons ledit citoyen Haguenot, pour remplir, aux hôpitaux ambulants de l'Armée, les fonctions de médecin sous les ordres du Commissaire-ordonnateur et Commissaire des guerres chargé de la police desdits hôpitaux, ainsi que du premier médecin de l'Armée, et jouir en ladite qualité du traitement attaché à cette place.

Fait au Quartier Général de Sigean, le 10 septembre 1793, deuxième de la République Française.

L'Ordonnateur en chef de l'Armée,

Signé : BOILLEAU.

Le susdit officier de santé nous produira son certificat de civisme, conformément à la loy.

Destiné provisoirement pour l'hôpital de Pézenas.

L'hôpital de Pézenas ne suffisant sans doute pas, on devait aménager la Grange-des-Prés en vue d'une ambulance. Les travaux étaient menés avec une lenteur qui irritait Roussillon, médecin en chef de l'armée des Pyrénées-Orientales. Voici ce qu'il écrivait à ce sujet :

Au Boulou, ce 12 vendémiaire an III de la République.

Le Médecin en chef de l'Armée des Pyrénées-Orientales à Haguenot, médecin à Pézenas. Enfant gâté !

J'ai reçu deux de tes lettres. Ce que tu me dis des travaux de la Grange-des-Prés ne me surprend pas et n'aurait pas dû t'étonner, et les auteurs de toutes ces lenteurs triomphent. Quant à moi, je pourrai toujours dire : *Vacare culpa maximum est solatium.*

Puis, sur le ton d'intime conversation, il se plaint des confrères, dont quelques-uns sont ambitieux et intrigants.

Le 28 vendémiaire, Roussillon se plaint des médecins et des chirurgiens qui « regardent leurs places comme des » canonicats, voulant rester à poste fixe chez eux. Ils se » trompent lourdement ; ils manifestent par là qu'ils tiennent » plus à leurs intérêts et complaisances domestiques qu'au » service pécuniaire qu'ils sollicitent avec empressement. »

Et, en post-scriptum :

Les médecins se fédéraliseront en vain, ils ne resteront pas chez eux longtemps : je les ferai marcher à leur tour aux avant-postes, où ils seront appelés comme étant tous ambulants, et je n'écouterai et consulterai que le bien du service. J'appellerai bientôt S...

Le 9 brumaire, le médecin en chef n'est guère plus content. Sa lettre est, cette fois, adressée à Haguenot et Sabatier, médecins de l'Armée à Pézénas ;

J'ai reçu votre lettre, citoyens collègues. Pour la plus grande édification, il vaut mieux que les médecins fassent quatre visites de plus que si l'on faisait une plainte bien ou mal fondée. C'est dans le moment où l'on s'agite le plus pour avilir le service de santé qu'il faut que ses ministres se surveillent de plus en plus.

Le règlement du 3 ventôse a mal à propos distingué en temps de guerre des hôpitaux fixes et sédentaires, le Commissaire des guerres a raison, presque tous sont ambulants. Et malheureusement, aujourd'hui, la plupart des médecins, se regardant comme fixes, ne veulent pas désemparer. Je suis totalement méconnu à Narbonne, à Montpellier, Carcassonne et Toulouse. Je ne sais quand cela finira. »

Quel gâchis ! dirions-nous aujourd'hui.

Marie-André Haguenot s'ennuie cependant à Pézenas dans l'hospice de l'Egalité. Les lettres de Roussillon n'arrivent plus. Peut-être une levée de boucliers des médecins sédentaires quand même l'a-t-elle forcé à en rabattre de ses énergiques projets.

Le papier à lettres de Roussillon était cependant par lui seul assez comminatoire. Son en-tête portait en immenses capitales : LIBERTÉ, EGALITÉ, VIGILANCE, ACTIVITÉ, HUMANITÉ, et au-dessous en italiques : *Mort aux Tyrans ! Paix aux Peuples !*

Il paraît cependant que cela n'intimidait pas les médecins de l'époque.

Marie-André écrit à son ami Flaman, pharmacien en chef de l'armée de l'intérieur à Paris. Le désir d'activité du jeune médecin, le pousse à se rapprocher de la capitale. Mais Flaman n'est pas de cet avis. Voici ce qu'il répond :

Au Quartier Général, à Paris, ce 24 ventôse de l'an IV de la République Française, Flaman, pharmacien en chef de l'armée, au citoyen Haguenot, médecin à Pézenas.

J'ai reçu, mon cher Haguenot, ta lettre avec un vrai plaisir. Tu m'accuses de négligence ; quoique je ne t'ai pas écrit, je ne le suis pas pourtant. J'ai écrit plusieurs fois à ton frère et n'ai jamais manqué d'y mettre quelque chose pour toi et pour ton père, que j'embrasse de tout mon cœur. Tu me demandes mon avis sur ce que tu as à faire dans la résolution que tu parais prendre de vouloir venir à Paris. Je te conseille de rester à Pézenas, le temps n'est pas assez favorable, et Quinot, en raison de la difficulté à se procurer des vivres, ne pourrait pas te prendre chez lui. Il faudrait donc avoir une maison montée et pas de clients. Tu juges de la dépense et de l'embarras où tu te mettrais. Attends donc, mon cher ami, un temps plus opportun, et rapporte-toi absolument à l'avis que je te donne.

Au lieu de courir quand même à Paris, Marie-André fut un sage. Il resta modeste médecin de campagne, se maria comme je l'ai dit et, fixé dans son domaine de la Serre, près Saint-Thibéry, fut, à l'exemple de son oncle, le célèbre doyen, l'ami et le médecin gratuit des pauvres. Ses avantages physiques l'avaient fait appeler le beau docteur. Au milieu des malheurs du temps, il fut aussi le bon docteur. D'une intelligence très ouverte, il souscrivait avec enthousiasme à tous les progrès de la science. Il fut un actif propagateur de la vaccine, et sut par persuasion et fermeté la faire accepter par la population ignorante des campagnes, toujours défiante à l'égard des médecins.

La récompense ne se fit guère attendre ; elle lui fut apportée par la lettre suivante :

<table>
<tr><td>3° DIVISION</td><td>MINISTÈRE DE L'INTÉRIEUR</td></tr>
<tr><td>BUREAU
DES
Secours et Hospices</td><td>Paris, le 4 Avril 1810.
Le Ministre de l'Intérieur, Comte de l'Empire,
A Monsieur Marie-André Haguenol, médecin à Pézenas.</td></tr>
</table>

Monsieur le Préfet de l'Hérault vous remettra, Monsieur, une médaille en bronze que je vous ai décernée comme une récompense du zèle avec lequel vous avez propagé la vaccine en 1806 et 1807. Je ne doute pas que cette marque de ma satisfaction ne vous fasse faire de nouveaux efforts pour remplir entièrement les intentions de S. M., qui veut anéantir la petite vérole dans ses états. Il m'est agréable en récompensant votre zèle de concevoir l'espérance que j'aurai par la suite de nouveaux éloges à donner à votre constante activité et que vous me fournirez une nouvelle occasion de rendre à vos succès la justice que je me plais à vous rendre pour ceux que vous avez obtenus.

Marie-André Haguenot fut enlevé soudainement par une attaque d'apoplexie, le 18 novembre 1816, à l'âge de 51 ans seulement.

Il laissait deux fils. L'un d'eux était deux ans plus tard reçu docteur en médecine, le 14 août 1818. Député de l'Hérault en 1838, en même temps que le doyen Etienne Bérard, il devait être mêlé à divers événements qui intéressèrent notre Faculté de Médecine sous le rectorat de M. Gergonne. Mais nous touchons ici à l'histoire contemporaine. Au surplus, je ne voulais parler en lui que du médecin, je dois me taire sur l'homme politique. Œdipe Haguenot fut le dernier médecin de la famille. Il n'exerça pas et mourut à Toulouse en 1874. Il était chevalier de la Légion d'honneur.

Voici, terminée, cette brève étude.

Je ne m'étais chargé de vous montrer, Messieurs, que le côté anecdotique de cette galerie de portraits. Vous avez bien voulu avoir plus de patience que le roi Don Carlos devant les vieux Silva. Laissez-moi vous en remercier.

Aujourd'hui, la trame est rompue. La tradition médicale de notre famille est perdue, mais je vous dois d'avoir bien voulu me permettre d'en continuer la tradition académique. Ce n'est pas le moindre titre que notre Compagnie doit avoir à ma reconnaissance.

NOTES JUSTIFICATIVES

(1) Eloges des Académiciens de Montpellier (recueillis, abrégés et publiés par M. le baron des Genettes, pour servir à l'histoire des Sciences dans le dix-huitième siècle). — Paris, 1811.
Eloge de M. Haguenot, par M. de Ratte. — Page 193.

(2) *Ibid.* Eloge de M. Venel, par M. de Ratte. — Page 202.

(3) *Ibid.* Eloge de M. Danysi, par M. de Ratte. — Page 214.

(4) *Ibid.* Eloge de M. Lafosse, par M. de Ratte. — Page 209.

(5) *Ibid.* Eloge de M. le Cardinal de la Roche-Aymon, par M. de Ratte. — Page 213.

(6) *Ibid.* Eloge de M. Lamorier, par M. de Ratte. — Page 223.

(7) *Ibid.* Eloge de M. de Joubert, par M. de Ratte. — Page 230.

(8) *Ibid.* Eloge de M. de Montferrier, par M. de Ratte. — Page 280.

(9) Décrets de la Convention des 8 et 12 Août 1793, prononçant la dissolution de toutes les Académies et Sociétés savantes patentées ou dotées par la Nation et la confiscation de leurs biens.

(10) Les observations de médecine de Lazare Rivière, médecin ordinaire du Roy et doyen des médecins de l'Université de Montpellier, traduites du latin par un médecin de Lyon (1707). Observation LXXVI.

(11) *Ibid.* Observation XVII.

(12) « J'ay la douleur de vous mander, mon amy, la peine où nous sommes d'avoir vu trépasser notre bon et vénérable père. Il était, il y a quelques jours, content et hilare avec nous, d'avoir acheté, près la porte de la ville, au lieu de Saint Guillin, la maison qu'il avoit longuement convoitée... » Lettre du docteur Pierre Haguenot, de Montpellier, du

7ᵉ d'Août 1644, à Henri de Brey, maître du Bureau d'adresse à Cler-
mont.

(13) Les observations de médecine de Lazare Rivière... etc... Observation XVII.

(14) Bibliothèque Nationale.

(15) Répertoire complet des noms des familles inscrites à l'*Armorial
général de France*, chez Bachelin-Deflorenne, libraire, rue des Prêtres-
Saint-Germain-l'Auxerrois. Paris, 1860.

(16) Brevet d'Armoiries. — Voici le libellé même de leur Brevet,
que j'ai fait relever à l'*Armorial général de France* :

« PAR ORDONNANCE RENDUE, le 6 du mois d'août de l'an 1700, par
MM. les Commiffaires généraux du Conseil, députés sur le fait des
Armoiries.

» Celles de Jean Henri Haguenot, docteur en la Faculté de Montpellier, telles qu'elles font ici peintes et figurées, après avoir été reçues,
ont été enregistrées à l'Armorial Général, dans le registre cotté
Montpellier, en conséquence du payement des droits réglés par les
tarif et arreft du Conseil, du 20ᵉ de novembre de l'an 1696. En foi de
quoi, le présent Brevet a été délivré par nous, Charles d'Hozier, con-
feiller du Roi et garde de l'Armorial Général de France, etc. A Paris,
le 21º du mois d'août de l'an 1700.   CHARLES D'HOZIER. »

Extrait de l'*Armorial général de France*. — Généralité de Montpellier, folio 792. — District de Montpellier, nº 257.

(17) Encyclopédie méthodique (médecine), article « Haguenot ».
(Cette note est erronée, en ce sens qu'elle attribue cette chaire à Henri
Haguenot, fils de Jean-Henri et établit ainsi une confusion entre le
père et le fils.)

(18) Eloges des Académiciens de Montpellier, etc. Eloge de M. de
Sauvages par M. de Ratte.— Page 146.

(19) Henri Haguenot, né le 7 avril 1650, s'engagea dans les ordres et
fut prieur et seigneur de Saint-Vincent-de-Barbeyrargues, au diocèse de
Montpellier. Mourut le 29 novembre 1725 et fut inhumé dans l'église
de Saint-Vincent, dans la chapelle au-dessous de la cloche. Il était fils
de Jean Haguenot et de Marie de Casseyrol. (Acte de décès relevé à la
mairie de Saint-Vincent).

(20) Eloges des Académiciens de Montpellier, etc. Eloge de M. Haguenot par M. de Ratte.

(21) Bibliographie Universelle de Didot, article « Haguenot ».

(22) Encyclopédie méthodique (médecine).

(23) *Journal des Savants*, année 1748, page 540 et suivantes.

(24) Eloge de M. Haguenot par M. de Ratte.

(25) Encyclopédie méthodique (médecine).

(26) De Ratte.

(27) De Ratte.

(28) Voici le texte latin de l'inscription :

Henricus Haguenot, Regis consiliarius et medicus ordinarius, in suprema computorum et fisci curiâ senator, Medicinæ facultatis antecedens Decanus emeritus, e Regia Scientiarum Academia socius, hujus-ce nosocomii Rector perpetuus, qui variis honorum titulis auctus, vere moribus, scriptis, curationibus insignis, postquam in augusto senatu, in Medicorum Lycæo, in academiæ porticu, ulcumque de humano genere bene meritus consenuit, publicis adhuc in service comodis, novis artibus solers, rem pauperum hic generandam, octogenarius sed animosus suscepit et proexhaustis vivæ vocis prælectionibus, muta sed perpetua documenta seris ultro nepotibus providens, integram suam in arte medica bibliothecam hæc intra ægrotantium claustra servari, novo quotannis librorum incremento ditari, et publico dicatam usui, quilibet patere mandavit, altera demum moriens bona, tum istis ædibus absolvendis, tum ipsarum hospitibus alendis et sanandis, ut in vita sic in morte, beneficus erogavit.

Posuerunt defuncto collegæ unanimes hujus sanctæ domus administri, A. R. S. M.DCC.LXXVI.

Publicata autem solemniter Bibliotheca die 20ª mensis januarii an. 1768, ejusque fundator vita functus die XI. mensis decembris 1775.

(29) Elle donne aujourd'hui sur les rues de la Merci et Clapiès et appartient à la famille Azaïs.

(30) De Ratte.

(31) De Ratte.

(32) « Noble Jacques de Baumevieille, présent à une assemblée de l'abbaye des Bénédictins de Saint-Thibéry, en 1504 ». (Archives nationales, etc.)

MONTPELLIER. — IMP. G. FIRMIN ET MONTANE, RUE FERDINAND-FABRE.

Contraste insuffisant

NF Z 43-120-14